JN359124

우리가 간다

지리·역사·문학 지역 체험 학습

우리가 간다
인천

지호진 글 × 이진아 그림

여는 글

꿀잼 도시로, 우리가 간다!

안녕! 이 책을 펼친 너, 혹시 이런 생각 해 본 적 있어?

"우리 동네는 너무 심심해. 맨날 똑같아. 자랑할 것도 없고, 재미있는 얘기도 없잖아."

그런 뜻에서 어떤 지역은 '노잼 도시'라고 놀림을 받기도 하지. 유명한 관광지가 아니라서 딱히 구경할 게 없다는 거야. 또는 이미 너무 유명해서 뻔하다고 느낄지도!

하지만 알고 보면 세상에 노잼 도시는 하나도 없어. 우리 지역이든, 다른 지역이든 지루한 회색빛 도시로만 보인다면 그건 아직 그곳에 숨은 사연을 잘 몰라서일 거야.

그런 친구들을 위해 〈지리·역사·문학 지역 체험 학습〉 시리즈를 준비했어! 이 시리즈는 각각의 지역이 가진 자연환경, 지명의 유래, 곳곳에 숨은 가슴 아픈 한국사, 세계가 부러워하는 국가유산, 꼭 기억해야 하는 인물과 지역민의

정서를 가득 담아낸 문학 작품까지, 여러 가지 주제를 통해 다양한 빛깔의 지역 이야기를 펼쳐 보일 거야.

그중에서도 1권 《우리가 간다 인천》은 대한민국의 광역시 중 하나인 인천의 이야기야. 인천의 지도를 따로 떼어서 보면 느낌이 확 오겠지만, 인천은 바다-섬-하늘을 잇는 진짜 특별한 땅이야. 역사적으로는 가장 먼저 나라 문을 열고, 전쟁의 한복판에 서고, 독립운동의 함성이 울린 곳이기도 해. 게다가 평범한 서민의 삶과 애환이 절절히 담긴 문학 작품들의 단골 배경이 되기도 했지.

이 책을 다 읽고 나면 너도 이렇게 말할걸?

"노잼 도시? 아니! 완전 꿀잼 도시잖아!"

이렇게 읽으면 지역 박사가 될 거야

1. 한눈에 보는 지역

① 첫 장을 열면 등장하는 지도! 지리적 특징은 물론, 꼭 가 봐야 할 곳들을 딱 보여 주지.

② 이렇게 깜찍한 '지역 캐릭터' 봤음? 각 부 시작마다 지역을 상징하는 캐릭터가 등장해 눈이 즐거울 거야.

2. 술술 읽으며 쑥쑥 쌓는 교양

① '지리', '역사', '문학'을 주제로 지역 이야기를 따라가 보자. 그곳이 어디든 새롭게 보일걸.

② 불쑥 등장하는 질문과 답! 이것만 알아도 지역 박사가 될 수 있어.

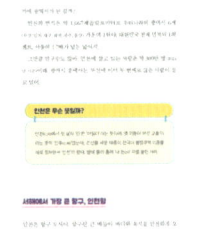

3. 교과 지식 + 인물 이야기

① 교과서에서 따분하게 느껴졌던 단어가 지역 속에 살아 있다는 걸 알게 될 거야.
② 기쁨과 슬픔, 감동이 있는 인물 이야기! 친구들과 토론을 하기에도 딱 좋아.

4. 직접 떠나는 지역 체험 학습

① 각 장마다 지역을 대표할 만한 의미 있는 장소들을 소개하고 있어.
② 하지만 사진만 봐서는 그 진가를 다 알 수 없지. 직접 가 보고 느껴 보자고! 우리가 간다!

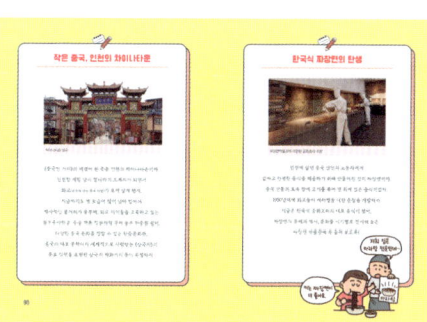

차례

여는 글 꿀잼 도시로, 우리가 간다! • 4
이 책의 활용법 이렇게 읽으면 지역 박사가 될 거야 • 6

1부
땅과 바다, 하늘까지 잇는 지역

인천의 지리

1장 한반도 한가운데 북적북적 항구 도시 • 16
- 서해에서 가장 큰 항구, 인천항 • 17
- 한계를 극복한 국제적인 무역항 • 18
- 사람과 사연을 배로 실어 나르는 부둣가 • 20
◆ 인천 하면 이 노래! 〈연안부두〉 • 21

2장 이 많은 섬이 다 인천이라니 • 22
- 크기도 크고 사연도 많은 강화군 • 24
- 오직 섬으로만 이루어진 옹진군 • 25
- 군사적으로 중요한 서해 5도 • 26
◆ 인천에 나라 세울 뻔한 '썰' • 27

3장 어서 와, 한국이야! 국제공항 • 28
- 김포에서 인천으로 바통 터치! • 30
- 드넓은 공항 땅을 어떻게 마련했을까? • 31
- 세계 일등 허브 공항 • 32
◆ 서민의 발, 수인선 꼬마 열차 • 33

2부
백성이 용감하게 지켜 낸 땅

인천의 역사

1장 한반도 역사를 고스란히 품은 강화도 • 38
- 최초로 나라의 도읍지가 된 섬 • 40
- 부처님도 특수 부대도 힘을 합쳐 • 41
- ◆ 치열했던 저항이 남긴 흔적 • 42
- 서양인이 일으킨 두 번의 큰 난리 • 43

인천의 인물 빼앗긴 투쟁의 깃발
_어재연 • 44

2장 강한 나라 사이에 낀 인천 • 46
- 운요호 사건과 강화도 조약의 현장 • 48
- 근대 문물이 처음 들어온 항구 • 48
- ◆ 강대국 사이에 낀 우리를 보여 주는 계단 • 50
- 짧게 빛난 그 이름, 대한제국 • 51
- 학교에서 장터까지, 인천의 3·1 운동 • 52
- ◆ 아이들이 먼저 외쳤다, 독립 만세! • 53

인천의 인물 외교관에서 독립운동가로
_김가진 • 54

3장 승리와 상처가 공존하는 인천 상륙 작전 • 56
- 전쟁의 기세를 뒤바꾼 인천 앞바다 • 58
- 멈춰진 전쟁, 갈라진 우리 • 59
- 폐허에서 동북아의 중심 도시로 • 60
◆ '자유'와 '평화'의 공원 • 61

인천의 인물 승리 후 잊히다
　　_덕적도·영흥도의 희생된 주민들 • 62

4장 종교의 자유가 첫발을 디딘 땅 • 64
- 평등을 말하는 '못된' 학문? • 66
- 끝없는 박해와 수많은 순교자 • 66
- 답동성당과 내리교회 • 68
◆ 전통 한옥과 성당의 조화, 강화성당 • 69

인천의 인물 푸른 눈의 우리 신부님
　　_전학준 • 70

3부
시련을 딛고 일구어 낸 삶의 터전
인천의 문학

1장 전쟁 직후 인천을 소녀의 눈으로 그린 《중국인 거리》 • 76
- 세대를 넘어 고단한 여성의 삶 • 78
- 작가의 어린 시절 경험을 바탕으로 • 79
- ◆ 작은 중국, 인천의 차이나타운 • 80
- ◆ 한국식 짜장면의 탄생 • 81

2장 한센인의 아픔을 노래한 〈파랑새〉 • 82
- 저주받은 '문둥병' 시인 • 83
- 완치 후에도 한센인을 위한 삶 • 85
- ◆ 보리피리 울려 퍼지는 백운공원 • 86
- ◆ 부평역사박물관에서 시인을 기리며 • 87

3장 서로를 품어 안는 달동네 이야기 《괭이부리말 아이들》 • 88
- 만석동은 고양이 섬? • 89
- 철길 옆 공부방에서 시작된 이야기 • 90
- ◆ '달'이 가장 가까운 '동네' • 92
- ◆ 달동네의 역사가 궁금해 • 93

사진 출처 • 94
참고 사이트 • 95

1부

땅과 바다, 하늘까지 있는 지역

인천의 지리

'인천' 하면 떠오르는 곳들이 있어? 그렇지, 인천항, 인천국제공항, 인천역! 인천항은 우리나라 서해의 중심이 되는 항구야. 인천국제공항은 대한민국 항공 운송이 가장 활발히 이루어지는 곳이고, 인천역은 우리나라 최초의 철도인 경인선의 종착지야. 이렇게 나라 안팎으로 중요한 관문들이 몰려 있으니 인천은 한반도 중서부의 중심 도시라고 할 수 있어.

❶ 인천국제공항
세계로 뻗어 가는 대한민국의 대표 관문

❷ 인천항
서해에서 가장 큰 항구

❸ 인천역
수도권 전철 1호선과 수인·분당선이 만나는 역

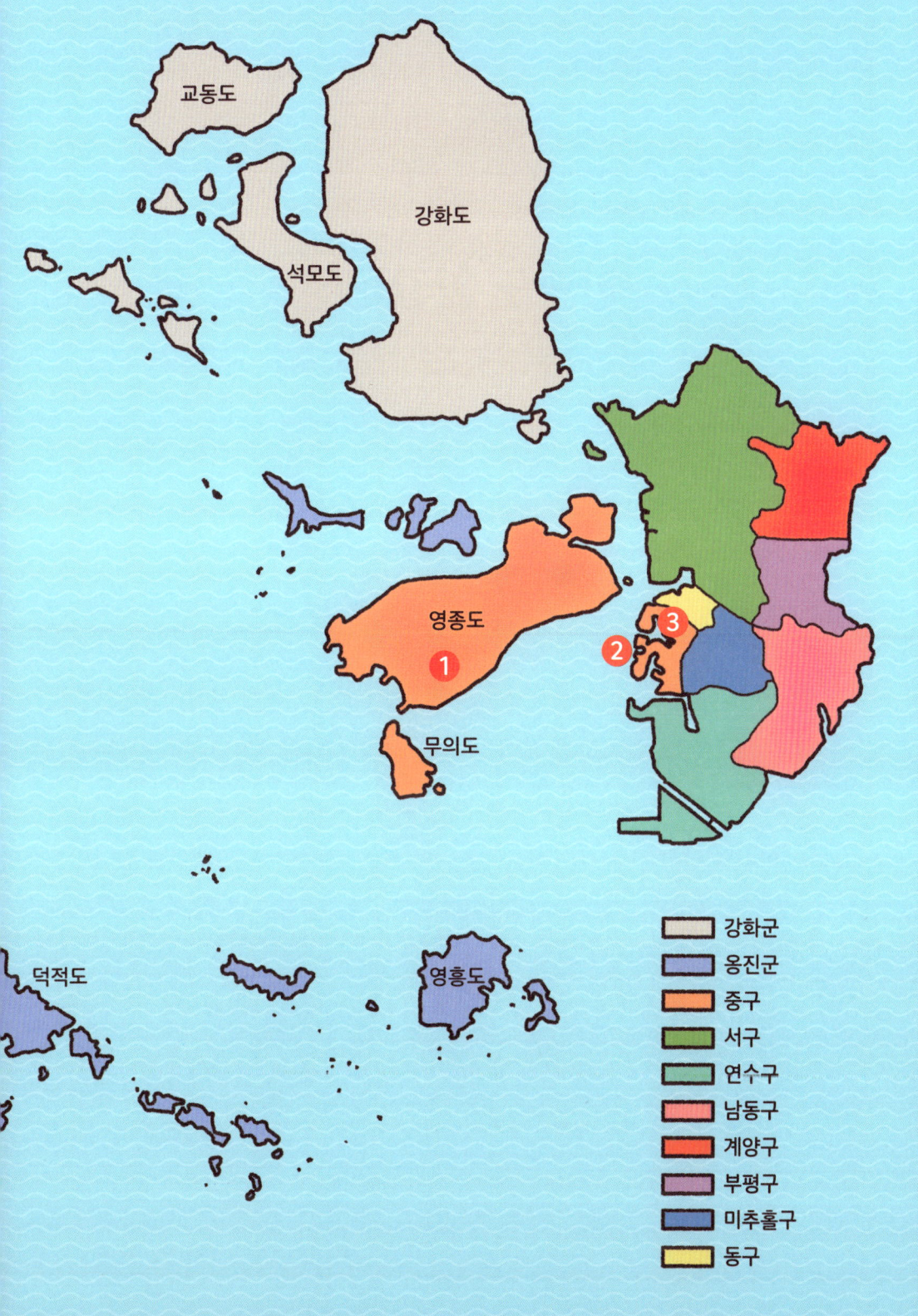

한반도 한가운데
북적북적 항구 도시

인천은 한반도 지도를 펼쳐서 봤을 때 거의 한가운데에 자리하고 있어. 옆으로는 우리나라의 서쪽 바다인 서해와 맞닿아 있지. 또 강원도에서 시작해 우리나라의 수도인 서울을 지나며 서해로 빠져나가는 한강의 하류에 있기도 해.

인천의 이웃 도시들은 어디일까? 동쪽으로는 서울시 강서구와 경기도 부천시, 남동쪽으로는 경기도 시흥시, 북쪽으로는 경기도 김포시와 이웃해 있지.

인천의 정식 이름은 '인천광역시'야. 면적도 넓고 인구수도 많으니 '넓을 광(廣)' 자를 써서 광역시라고 부르는 거야. 대체 얼마나 넓기에 광역시가 된 걸까?

인천의 면적은 약 1,067제곱킬로미터로 우리나라의 광역시 6개(부산, 인천, 대구, 대전, 광주, 울산) 가운데 2위야. 대한민국 전체 면적의 1퍼센트, 서울의 1.7배가 넘는 넓이지.

그만큼 인구수도 많아. 인천에 살고 있는 사람은 약 300만 명이래(2024년 기준). 광역시 중에서는 부산에 이어 두 번째로 많은 사람이 살고 있어.

인천은 무슨 뜻일까?

인천(仁川)에서 첫 글자 '인'은 '어질다'라는 뜻이야. 옛 이름이 '어진 고을'이라는 뜻의 '인주(仁州)'였는데, 조선을 세운 태종이 전국의 행정구역 이름을 새로 정하면서 '인천'이 됐대. 땅에 물이 흘러 '내 천(川)' 자를 붙인 거야.

서해에서 가장 큰 항구, 인천항

인천은 항구 도시야. 항구란 큰 배들이 바다와 육지를 안전히 오가고, 배에서 사람이 오르내리거나, 짐을 싣고 내리도록 만들어 둔 시설이야. 한마디로 바다와 육지의 교통을 연결하는 중요한 곳이지.

동쪽·남쪽·서쪽의 삼면이 바다로 둘러싸인 우리나라는 동해와 남해, 서해 곳곳에 항구 도시가 있어. 그중 서해의 중심 항구는 바로 인천항이지. 인천의 항구 시설은 서해에서 가장 클 뿐 아니라 우리나라 전체에서도 부산 다음으로 커.

한계를 극복한 국제적인 무역항

나라와 나라 사이에 물건을 사고파는 것을 무역이라고 해. 인천항에서 이루어지는 무역 규모는 우리나라에서 부산항에 이어 두 번째로 커. 다시 말해 인천항은 대한민국 제2의 무역항인 거지.

근대에 인천은 일본과 중국은 물론 다른 여러 나라의 배와 외국인이 머무는 곳이었어. 오래전부터 무역항의 모습을 갖추고 있었던 셈이야. 그 후로 서울과 인천을 중심으로 한 대한민국의 가장 큰 공업 지대인 경인공업지대를 발판 삼아 국제적인 무역항으로 발전했지.

그렇지만 인천항에는 치명적인 문제이자 한계가 있었어. 서해가 수심이 얕고 밀물과 썰물 때 해수면 높이의 차이가 심해서 큰 배들은 드나들기가 힘들다는 거야. 이 문제를 해결하기 위해 아시아에서 가장 큰 갑문식 독을 설치했고, 2015년부터 단계적으로 송도국제도시에 인천신항을 건설해서 대형 배도 자유롭게 댈 수 있게 됐어.

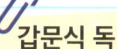
갑문식 독
강이나 바다에 여닫을 수 있는 문을 설치해서 물의 흐름을 조절하는 시설이야. 항구를 운영하거나, 초대형 배를 만들고 고칠 때 필요해.

사람과 사연을 배로 실어 나르는 부둣가

인천의 해안은 리아스식 해안이야. 해안선이 길고 들쭉날쭉 복잡하면서 섬이 많다는 거지. 인천에는 섬이 무려 168개나 있는데 이 중 40개 섬에 사람이 살고 있어.

이런 서해의 크고 작은 섬을 오가는 사람들을 태우는 곳이 바로 연안부두야. 정식 이름은 '인천항 연안여객터미널'. 왠지 '연안부두'라고 부르니까 더 정감 있지 않아?

예전에 항공기가 별로 없던 시절, 사람들은 중국이나 제주도로 가기 위해 연안부두에서 배를 타야 했어. 그래서 연안부두는 인천을 상징하는 곳 중 하나로 손꼽혔지. 이곳에는 인천종합어시장과 해양광장 등이 있어. 해양 도시 인천을 찾는 사람들이라면 안 들러 볼 수 없겠지?

> **리아스식 해안**
> 리아스는 스페인의 갈리시아 지방에서 쓰던 말로 원래는 강의 하구라는 뜻이야. 그 지방의 해안선이 특히 복잡하고 섬이 많았다나 봐. 지금은 그곳과 비슷한 지형을 모두 리아스식 해안이라고 부르지.

인천 하면 이 노래! <연안부두>

연안부두에 세워진 노래비

♪어쩌다 한 번 오는 저 배는 무슨 사연 싣고 오길래
오는 사람 가는 사람 마음마다 설레게 하나♬

연안부두는 인천 사람들의 추억이 깃든 곳으로 오랫동안 사랑받았어.
1979년, <연안부두>라는 제목의 대중가요가 등장했을 정도지.
지금도 인천에서 창단한 프로 야구 팀을 비롯해
여러 스포츠 팀의 응원가로 불리고 있어.

이 많은 섬이 다 인천이라니

'섬' 하면 뭐가 떠올라? 육지와 따로 떨어져서 약간 외로운 느낌이 들 수도 있지만, 섬은 역사적으로 드넓은 바다와 육지를 잇는 교통의 중요한 지점이었어. 그래서 적의 침입을 가장 먼저 알리고 끝까지 맞서 싸우는 데도 큰 역할을 했지.

그런가 하면 섬은 고대에 죄를 지은 사람이나 나라의 정책을 거스른 사람을 벌주기 위해 귀양을 보내는 곳이기도 했어. 섬 중에서도 인천 강화군의 섬들은 수도와 가깝다 보니, 주로 왕족이나 귀족이 귀양살이를 했다고 전해져.

섬은 육지와 동떨어진 만큼 섬과 육지 사람들 사이의 교류가 적기 때문에 생활과 민속·언어 면에서 독특한 문화를 이루게 돼. 제주도를 생각해 봐. 그곳만의 독특한 사투리가 인상 깊잖아.

최근에 섬은 경제적 가치가 높은 자원들이 풍부한 곳으로 주목받고 있어. 특히 밀물 때 물에 잠기고 썰물 때 물 밖으로 드러나는 땅인 갯벌은 환경적으로 매우 소중한 자연유산이야.

인천은 서해안의 가장 큰 도시답게 많은 섬을 거느리고 있어. 우리나라에 있는 섬의 수를 합치면 약 3,382개라고 하는데, 그중 168개가 인천에 있다고 해. 비율로 보자면 20퍼센트 정도니까 꽤 많지?

섬은 어떻게 생길까?

지구의 가장 바깥쪽 부분(지각)이 운동을 하면서 바다 밑바닥(해저)의 일부가 해수면 위로 솟아오를 때 섬이 만들어져. 반대로 바다 주변의 산맥이 물에 잠기면서 꼭대기만 해수면 위에 남아 생길 수도 있지. 아니면, 육지의 일부가 푹 내려앉은 곳에 바닷물이 들어와 잠기면서 생기기도 해. 이 밖에 제주도, 울릉도, 독도 같은 화산섬들은 바다 밑 화산이 분출하면서 만들어진 거야.

크기도 크고 사연도 많은 강화군

인천은 2개의 군과 8개의 구로 행정구역을 나누고 있는데, 그중 2개의 군은 모두 섬으로 이루어져 있어. 바로 강화군과 옹진군! 둘 중 육지와 더 가까운 강화군은 가장 큰 강화도를 비롯해 석모도·교동도 등 큰 섬과 10여 개의 작은 섬이 어우러져 있지.

특히 강화도는 한강·임진강·예성강이 하나로 모이는 하구에 자리해 있어. 1970년대에 강화대교와 초지대교라는 긴 다리가 세워지면서 육지인 김포시와 직접 연결돼 교통이 아주 편리해졌지.

면적은 약 303제곱킬로미터로 인천에서 가장 큰 섬이야. 인천 전체 면적의 거의 28퍼센트에 달해. 2부에서 자세히 이야기하겠지만, 강화도는 면적뿐 아니라 역사적으로도 매우 상징적이고 중요한 섬이야.

우리나라에서 가장 큰 섬은?

1위는 제주도, 2위는 거제도, 3위는 진도야. 강화도는 남해도와 4, 5위를 다툴 정도로 큰 편이지.

오직 섬으로만 이루어진 옹진군

인천항에서 서해로 나아가면 크고 작은 섬들이 펼쳐져. 그 섬들 대부분은 옹진군에 속해 있어. 옹진군은 육지 없이 섬으로만 이루어진 독특한 지역이거든. 연안부두에서 옹진군으로 가는 배를 타면 여러 섬을 가 볼 수 있대.

옹진군은 북쪽으로는 북한의 황해남도, 남쪽으로는 남한의 충청남도와 경계를 이루며 서해 바다의 넓은 지역에 걸쳐 있어. 연안부두를 거치지 않으면 섬끼리 직접 오갈 수 없고, 강화군의 강화도처럼 하나의 중심지 역할을 하는 섬도 없지. 그래서 행정상 편의를 위해 옹진군의 군청은 옹진군이 아닌 미추홀구 용현동에 자리해 있대.

군사적으로 중요한 서해 5도

인천의 섬들 중에서 따로 '서해 5도'라고 부르는 섬들이 있어. 백령도·대청도·소청도·대연평도·소연평도로 모두 옹진군에 속해 있지. 서해 5도에서는 조선 시대부터 고기잡이와 해상 교역이 활발했어. 꽃게, 조기 같은 해양 생물이 많이 잡혀서 '황금어장'으로 불릴 정도야.

그런가 하면 서해 5도는 지정학적 가치가 높은 곳이기도 해. 원래 북한의 황해도에 속해 있다가 6·25 전쟁 이후 남한 영토가 됐는데, 북한과 가깝기 때문에 연평해전 같은 비극적인 전투가 발생하기도 했어. 이곳에는 지금도 대한민국의 서쪽 바다를 지키기 위해 군인들이 주둔하고 있지.

> **지정학**
> 지리적 환경과 정치 현상의 관계를 연구하는 학문이야. 예를 들어 바다에 접한 나라는 해상 교역에 유리하고 해군의 힘이 세지.

인천에 나라 세울 뻔한 '썰'

삼국 시대에 비류가 쌓은 문학산성의 복원된 모습

인천에는 미추홀구가 있는데, 미추홀은 인천의 옛 이름이기도 해.
그런데 이 미추홀에 나라가 세워질 뻔했다면 믿겠어?
〈삼국사기〉에 실린 백제 건국 이야기 중 하나야.
고구려 주몽 왕에게는 아들 비류와 온조가 있었는데,
왕이 되기 전 낳은 아들 유리가 찾아와 왕위를 잇게 돼.
그래서 비류와 온조는 각자 백성을 이끌고 길을 떠났지.
비류는 미추홀에, 온조는 위례성(한성)에 정착하기로 했어.
그런데 미추홀 땅은 습하고 물이 짜서 살기 어려웠대.
비류가 죽고 미추홀 백성들은 위례성으로 옮겨 갔어.
그렇게 우리가 아는 삼국의 '백제'가 탄생했지.

어서 와, 한국이야!
국제공항

우리나라 사람들이 외국으로 나갈 때나 외국인들이 우리나라를 방문할 때 꼭 거쳐야 하는 곳이 어디일까?

맞아, 비행기가 뜨고 내리는 공항이야. 사람뿐 아니라 수출품과 수입품 같은 화물도 공항을 거쳐 오고 가지.

이렇게 다른 지역이나 다른 나라로 가기 위해 꼭 거쳐야 하는 곳을 '관문(關門)'이라고 해. 오늘날에는 공항이 대표적인 관문 역할을 하는 셈이야.

우리나라에 있는 공항들 가운데 가장 큰 곳이 바로 인천국제공항이야. 이름처럼 인천에 있고, '국제공항'은 말 그대로 나라 사이를 이

동하는 항공기를 위한 공항이지.

그렇다 보니 인천국제공항은 비행기가 뜨고 내리는 길인 활주로와 승객들이 대기하는 여객터미널 외에도 많은 시설을 갖추고 있어. 출국과 입국을 하는 사람들의 소지품이나 화물을 검사하고 세금에 관한 일을 맡아 보는 세관, 출국과 입국에 대한 관리를 하는 출입국 관리 시설 등이지.

인천국제공항은 이렇게 우리나라에서 규모와 시설이 가장 큰 공항일 뿐 아니라, 유일하게 국제선만 운행하는 공항이야. 대부분의 주요 국제선을 연결한다는 점에서 대한민국의 관문이라고 할 만하지.

우리나라에는 공항이 몇 개나 있을까?

대한민국에는 현재 8개의 국제공항과 7개의 국내공항이 있어. 국제공항은 인천, 김포, 양양, 무안, 제주, 대구, 청주, 부산/김해에 있고, 국내공항은 울산, 여수, 광주, 군산, 원주/횡성, 포항, 진주에 있지.
이 15개의 공항 중에서 오직 인천국제공항만 인천국제공항공사에서 따로 운영하고, 나머지 14개 공항은 한국공항공사라는 곳에서 운영해.

김포에서 인천으로 바통 터치!

우리나라의 관문이자 대한민국을 대표하는 국제공항이 어떻게 인천에 세워지게 됐을까? 인천국제공항이 세워지기 전에는 김포국제공항이 우리나라 대표 국제공항이었어. 김포국제공항은 지금의 서울시 강서구에 있는데 1958년에 국제공항으로 지정되면서 서울 및 수도권 대표 공항의 역할을 해 왔지.

하지만 우리나라가 급격하게 발전하면서 항공기 이용이 크게 늘어나고, 김포국제공항만으로는 승객과 화물의 양을 감당하기 어려워졌어. 김포국제공항은 서울 내륙에 있고 주변에 사람이 많이 살다 보니 더 확장하기도 어렵고, 소음 때문에 24시간 내내 운영하는 데도 무리가 있었거든. 그래서 더 크고 시설이 뛰어난 국제공항을 인천에 새로 짓게 된 거야.

'김포'국제공항이 서울시에 있는 이유는?

서울에 있는데 왜 공항 이름에 '김포'가 들어가냐고? 1958년에 국제공항을 지정할 당시에는 공항 땅이 서울시가 아니라 경기도 김포군에 속해 있었거든. 그래서 '김포공항'이 됐어.

드넓은 공항 땅을 어떻게 마련했을까?

인천국제공항은 행정구역상으로 인천시 중구 공항로에 자리해 있어. 이곳은 영종도, 용유도, 삼목도, 신불도 등 인천 앞바다의 섬들을 <mark>간척</mark>해서 만든 아주 넓은 땅이야. 서울 도심에서 50~60킬로미터, 인천 도심에서도 30~40킬로미터 정도 떨어져 있어서, 큰 소음 피해 없이 24시간 운영할 수 있는 위치였지.

1992년부터 땅을 고르고 다지는 공사를 시작해 공항으로서 갖추어야 할 여러 건물과 시설을 만들어 10년 만인 2001년에 새 공항의 문을 열었어. 그 뒤로 1~4단계 사업을 거쳐 제1여객터미널, 탑승동, 제2여객터미널까지 만들었지.

그 결과 현재는 한 해 동안 1억 명 이상의 승객과 약 500만 톤의 화물을 실어 나를 수 있는 어마어마한 규모로 발전했단다.

> **간척**
> 육지와 닿아 있는 바다나 호수의 일부를 둑으로 막고, 그 안의 물을 빼서 육지로 만드는 일이야. 바다 생태계에 안 좋은 영향을 미치다 보니, 내규모 간척 사업에 반대하는 사람도 많아.

세계 일등 허브 공항

인천국제공항은 이제 전 세계 공항을 대상으로 하는 여러 평가에서 꾸준히 최고 자리에 오르는 일등 공항이 됐어. 2023년에는 국제여객 동북아 1위, 국제화물 세계 3위를 차지했지.

공항 시설 자체도 훌륭하지만 2000년에 인천국제공항 고속도로가 뚫리고, 2007년에 인천국제공항 철도가 놓이면서 서울 및 수도권 일대와 편리하게 연결된 덕도 커.

국제적으로는 동북아시아 교류에 큰 역할을 하는 '허브(hub, 중심지) 공항'으로 발전했어. 현재 인천국제공항에서는 약 87개 항공사가 50개 국가의 164개 도시를 운항한다고 해.

서민의 발, 수인선 꼬마 열차

인천시립박물관에 전시 중인 수인선 협궤 열차

1937년에 개통되어 수원에서 안산과 시흥을 지나
인천까지 오가던 대한민국 철도 노선이 있었어.
바로 수원과 인천을 연결하는 '수인선'이야.
선로가 표준보다 좁아서 그 위를 달리는 기차를
'협궤 열차'라고 불렀어. 크기가 작다 보니 별명은 꼬마 기차!
수인선은 우리나라의 마지막 협궤 철로였는데
1995년에 오랜 운행을 마치고 역사 속으로 사라졌어.
지금은 같은 구간에 수도권 전철이 운행 중이야.

2부

백성이 용감하게 지켜 낸 땅

인천의 역사

인천은 한반도의 어떤 역사들을 품고 있을까?
몽골 침입과 삼별초 항전, 근대 외세의 침입과 항구 개방, 6·25 전쟁의 흐름을 바꾼 인천 상륙 작전….
이렇게 시대별로 여러 역사적인 장면의 배경이 되어 왔어.
우리나라의 중요하고도 흥미로운 역사를 마음껏 탐험할 수 있는 인천으로 함께 떠나 볼까?

❶ 강화 고려궁지
　몽골의 침입에 맞서 옮긴 도읍지

❷ 갑곶돈
　몽골 군대를 막기 위한 바다 요새

❸ 강화 광성보
　신미양요 최대 격전지

❹ 청일 조계지 경계 계단
　중국과 일본에 대한 개항의 상징

❺ 창영초등학교 (구)교사
　인천에서 3·1 운동이 시작된 곳

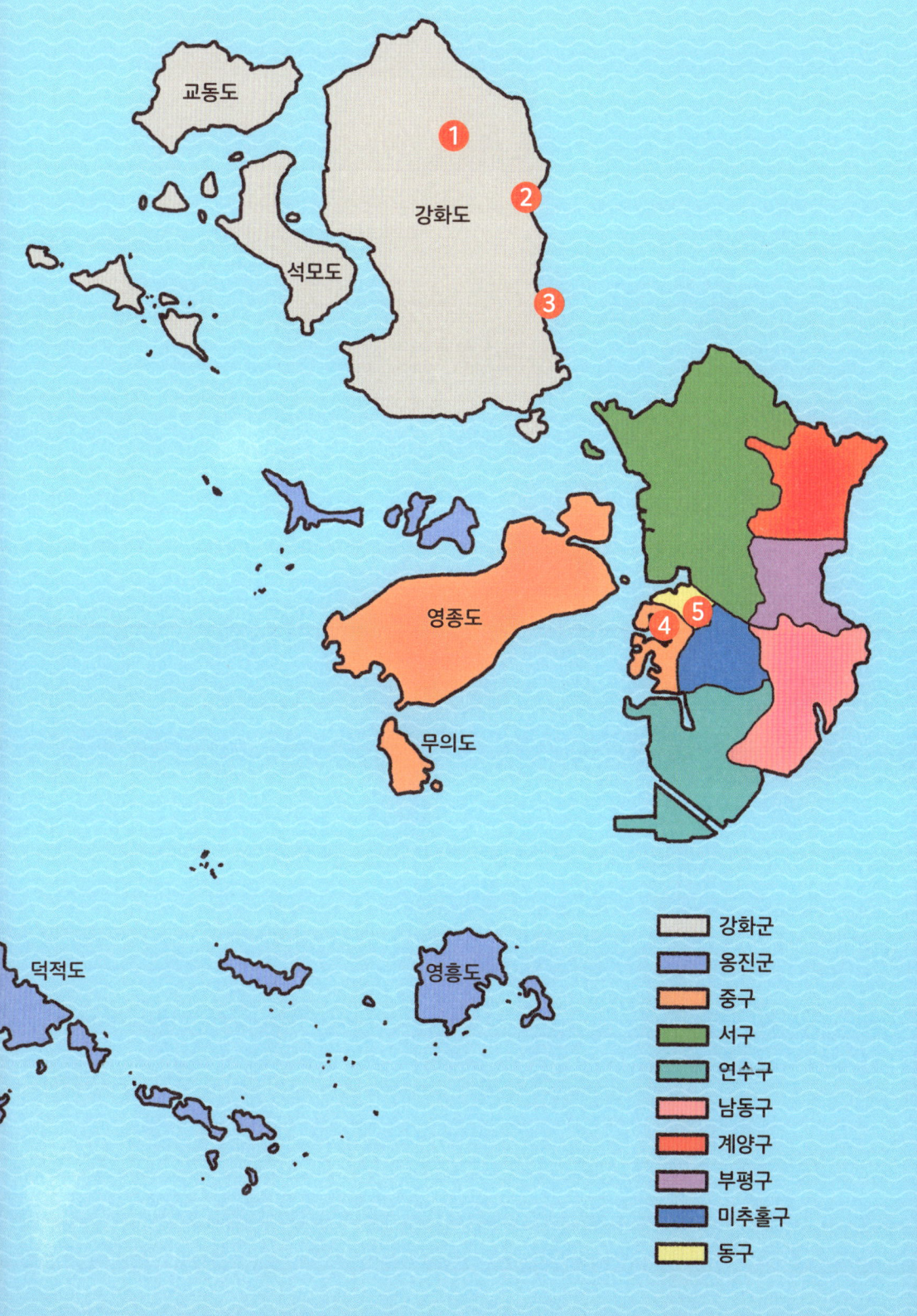

한반도 역사를 고스란히 품은 강화도

인천의 역사는 마치 우리나라의 역사처럼 파란만장해. 서해 바다를 끼고 한반도의 중부에 자리해 있으면서, 고대부터 근대까지 수많은 역사적인 사건이 일어나고 다양한 모습으로 바뀌어 온 곳이거든.

인천 지역 중에서도 강화도는 한반도 역사의 축소판, 우리 역사의 흔적이 숨 쉬는 화석이라고도 일컬어지지.

먼저 주먹도끼·돌화살촉·반달돌칼 등 구석기 시대의 유물을 비롯해, 청동기 시대의 대표적인 유적인 고인돌까지, 강화도 땅에서 선사시대 한반도의 오랜 역사를 짐작할 수 있어.

또한 삼국시대에 강화도는 고구려 땅으로 '갑비고차'라고 불렸고,

전등사나 보문사 같은 역사 깊은 절들이 지어지기도 했어. 이를 통해 한반도에 불교문화가 어떻게 전해졌고, 어떻게 뿌리를 내리며 발전하게 됐는지도 엿볼 수 있지.

하지만 뭐니 뭐니 해도 강화도가 우리나라의 역사 속에 가장 중요하게 자리매김한 시대는 고려시대와 조선시대야.

고려시대에는 몽골의 침략에 맞서 왕궁이 강화도로 옮겨 가기도 했고, 조선시대 말기에서 근대로 이어지는 시기에는 서구 세력의 침략에 맞서는 싸움터가 되기도 했거든.

갑비고차는 무슨 뜻일까?

'갑비고차(甲比古次)'라는 말이 좀 어렵게 느껴지지? 여기에는 여러 해석이 있는데, 언어학계에서는 갑비고차를 고구려 이전부터 썼던 북방 계통의 말로 보고 있어. '갑비'는 구멍, 그러니까 배가 드나드는 구멍인 나루를 뜻하고, '고차'는 바다를 향해 길게 뻗은 땅이라는 뜻으로 지금도 흔히 쓰는 곶과 같은 말이라고 해.

'구멍처럼 생겨 바다로 뻗은 땅'. 섬으로서 강화도의 특성을 잘 담고 있는 이름인 거지.

최초로 나라의 도읍지가 된 섬

1231년 몽골군이 말을 탄 병사단을 이끌고 고려 땅에 쳐들어왔어. 이미 중국 대륙은 물론 세계 곳곳을 정복하고 난 이후였지.

당시 고려에서는 무신정권의 6대 권력자인 최우가 권력을 휘두르고 있었어. 고려는 몽골군의 거센 공격에 대항하다 1232년에 도읍지를 강화도로 옮겨. 도망간 것이 아니라 오히려 몽골군에게 맞서기 위해서였지. 내륙이 아닌 섬이 한 왕조의 도읍지가 된 것은 우리나라 역사에서 처음 있는 일이었어.

그런데 왜 하필 강화도였을까? 몽골군의 주력 부대가 말을 타고 육지를 달리는 기마병이었기에 바다에서 싸우는 해전에는 약할 거라 여겼기 때문이야.

처음에 몽골군은 강화도를 직접 공격하지 않고 섬을 고립시켜 쉽게 항복을 받아 내려 했어. 그러나 고려의 저항은 거셌지.

> **무신정권**
> 고려 시대에 군사 일을 맡아보던 무인 출신의 관리들은 차별을 받았어. 결국 왕과 문인 출신 관리들에 맞서 반란을 일으켜 권력을 잡았지. 그리고 100년간 고려를 다스렸어.

부처님도 특수 부대도 힘을 합쳐

그 뒤로 강화도는 40년 가까이 고려의 임시 수도였어. 크기는 작지만 개경의 궁궐과 비슷한 궁궐을 지었고, 몽골의 침입을 부처님의 힘으로 물리치고자 선원사에서 팔만대장경을 만들기도 했어. 대장경은 불교의 교리가 담긴 책을 찍어내기 위해 글자를 새겨 넣은 나무판인데, 이게 무려 8만 개가 넘어서 팔만대장경이라 불렀지.

그러나 100년을 이어 오던 무신정권이 1270년에 무너지자 당시 왕이었던 원종은 몽골과 화친을 맺고 다시 개경으로 돌아오게 돼. 이때 삼별초라는 특수 부대가 항복을 반대하며 몽골군에 맞서 싸웠어. 삼별초는 강화도에서 진도, 제주도로 옮겨 가며 저항했지만, 3년 만에 몽골과 고려의 연합군에게 무릎을 꿇고 말았지.

치열했던 저항이 남긴 흔적

강화 고려궁지(왼쪽)와 갑곶돈(오른쪽)

고려가 몽골의 침입에 쫓겨 강화도로 도읍을 옮겼을 당시,
최고 권력자 최우는 각 도에서 사람을 뽑아
강화도에 궁궐과 성곽을 쌓게 했어.
지금은 '강화 고령궁지'라는 이름으로 남아 있지.

'갑곶돈'은 몽골 군대가 바다로 침입하는 걸
막기 위해 세운 요새야. 대포가 8문이나 배치돼 있지.
1977년에 옛 모습을 되살려 복원이 이루어졌어.
지금 갑곶돈에 전시된 대포는 조선 시대에
왜적의 배를 포격하던 대포라고 해.

서양인이 일으킨 두 번의 큰 난리

조선의 제26대 왕 고종의 아버지인 흥선 대원군은 나라의 문을 걸어 잠그고 다른 나라와 교역을 하지 않는 쇄국 정책을 폈어. 이를 빌미 삼아 프랑스의 군사가 강화도를 침략했지. 조선군은 강화도의 문수산성, 정족산성에서 전투를 벌여 프랑스 군사들을 물리쳤어. 이를 1866년(병인년)에 서양 세력이 일으킨 난리라 하여 '병인양요'라고 해.

그로부터 5년 뒤에는 미국의 군사가 조선을 침략해 왔어. 강화도 초지진에 상륙한 이들은 광성보 등에서 조선군과 치열한 전투를 벌이다 물러났어. 이를 1871년(신미년)에 서양 세력이 일으킨 난리라 하여 '신미양요'라고 하지.

인천의 인물

빼앗긴 투쟁의 깃발
어재연

어재연은 조선 말기의 무신으로, 신미양요가 일어난 해에 강화도의 광성진을 수비하는 임무를 맡아. 그를 비롯한 조선군이 광성보에서 방어 태세를 갖추고 있던 1871년 4월 24일 최후의 전투가 시작됐지.

조선군은 미군의 대포 공격으로 이미 많은 사상자가 나온 상태에서도 맨몸으로 끝까지 싸웠어. 하지만 군사력의 차이가 너무나 컸기 때문에, 결국 대부분 전사하고 말아. 어재연도 이때 동생 어재순과 함께 싸우다 미 해병의 총검에 찔려 목숨을 잃었지.

이 전투에서 조선군 350여 명이 전사하고, 20여 명이 포로로 잡혔다고 전해져. 반면에 미군은 3명이 전사하고 10여 명이 부상당한 것으로 그쳤어.

신미양요 때 격렬한 전투를 벌인 광성보의 광성돈대

　하지만 그 이후로도 조선은 굴복하지 않고 저항을 이어 갔어. 결국 미국은 조선을 강제로 굴복시키기를 포기하고 물러났지. 어재연은 광성보 전투에서 끝까지 싸우다 전사한 공로를 인정받아 병조판서 벼슬에 오르고 충장(忠壯)이라는 시호를 받았어.
　광성보 전투 당시에 미국은 자신들의 승리를 기념하는 물건으로 어재연 장군의 수자기를 강탈해 갔어. '수자기'란 대장의 깃발을 뜻해. 가로 413cm, 세로 430cm로 크기도 아주 커. 근데 이걸 미국이 소유하고 있지.
　침략 과정에서 빼앗은 문화재인 만큼 우리나라에 다시 돌려주는 게 맞다고 생각하는 사람들이 많아. 여러분 생각은 어때?

강한 나라 사이에 낀 인천

조선 초기 태종 때 비로소 지금의 이름을 갖게 된 인천은 그로부터 200여 년 동안 평범한 농어촌 지역이었어. 그러다가 조선 중기에 이르러 임진왜란(1592년)과 병자호란(1636년)을 겪으면서 군사상 매우 중요한 지역으로 떠오르게 돼.

병자호란 때 청나라의 군대가 쳐들어와 강화도가 함락된 이후, 조선은 강화도에 있던 주요 요새와 성곽을 복구하고 강화했어. 17세기 말에 이르러서는 인천 지역이 강화를 중심으로 하나의 거대한 육해군 기지처럼 바뀌게 되지.

앞서 살펴본 것처럼, 19세기 중반에 이르면 이미 중국과 일본에 진출한 서양의 여러 나라가 조선에도 교역할 것을 요구해 오기 시작해. 이때 강화도의 군사시설은 서양 세력이 쳐들어오는 걸 막아 내는 가장 맨 앞의 방어 시설이 됐어. 서양 세력들이 서해안 지역, 그중에서도 수도 한양에 이르는 입구인 인천 해안으로 밀려들었기 때문이야.

병인양요와 신미양요를 겪으면서도 프랑스와 미국의 침략을 막아 낸 조선이었지만, 결국 일본을 비롯한 열강들에게 항구의 문을 열어 주어야 했어.

왜 문을 열 수밖에 없었을까?

흥선 대원군은 병인양요와 신미양요 이후 외세를 물리쳤다는 자부심으로 나라 문을 더욱 굳게 닫아걸었어. 이러한 '통상 수교 거부 정책'은 열강의 침략을 잠시나마 막을 수 있었지만 결코 근본적인 해결책은 아니었어. 중국을 제외한 모든 오랑캐를 배격하는 세계관으로는 크게 변화하는 세계 정세를 객관적으로 인식할 수도 없고, 당연히 효과적으로 대응할 수도 없었던 거야.

운요호 사건과 강화도 조약의 현장

1875년 일본은 운요호를 비롯한 군함 3척을 끌고 동해안에 접근했어. 그러더니 남해를 거쳐 서해로 올라와 운요호를 인천 제물포 앞바다에 세워 두고는 보트를 타고 강화도 초지진에 다가갔지. 초지진을 지키던 조선의 수비병들이 예고 없이 침입한 일본 선박을 공격하자, 운요호는 곧바로 초지진과 영종도를 공격하고 영종도에 상륙하여 약탈을 벌이다 물러났어. 이를 '운요호 사건'이라 해.

일본은 이 사건을 빌미로 개항을 요구했으나 조선은 이번에도 응하지 않았어. 그러자 일본은 군함 8척과 600여 명의 병력을 강화도 갑곶에 상륙시켜서 강제로 조선과 조약을 맺었어. 이를 조일 수호 조규 또는 강화도 조약이라고 해.

근대 문물이 처음 들어온 항구

강화도 조약에는 통상(나라 사이의 무역)에 편리한 항구를 개방하기로 하는 내용이 있었어. 이에 따라 부산·원산·인천 등 3개 항구가 차례로 문을 열어 외국 선박이 출입하는 걸 허용하게 돼. 이처럼 외국과 무역하기 위해 개방한 항구를 '개항장'이라 불러.

그 뒤로 조선은 일본과 중국(청나라)뿐 아니라 미국·영국·독일 등과 인천의 화도진에서 조약을 맺으며 외세에 문을 열었어. 인천이 바로 서양의 근대 문물을 받아들이는 국가의 관문이 된 거지.

그 결과 지금의 세관처럼 관세에 대한 일을 맡아보는 인천해관과 개항장의 행정을 맡아보는 인천감리서가 설치됐고, 각국의 영사관과 일본·중국·미국·영국·독일의 조계지가 들어섰어.

조계지

개항장에서 외국인이 거주하고 물건을 사고팔 수 있도록 설정된 구역을 말해. 여기선 우리나라의 법과 행정을 따르지 않아도 됐어.

강대국 사이에 낀 우리를 보여 주는 계단

청일 조계지 경계 계단

인천 개항장 거리에는 1883년 일본을 시작으로
곧 각국의 조계지가 형성됐어.
특히 중국과 일본은 단독으로 조계지를 운영해서
많은 중국인과 일본인이 들어와서 살았지.
그렇다 보니 중국과 일본의 조계지를 나누던 경계인
청일 조계지 경계 계단이 지금도 남아 있어.
계단에 서서 좌우를 바라보면,
한쪽은 중국식 건축양식이, 다른 한쪽은
일본식 건축양식이 보이는 인천만의 특별한 기념물이야.

짧게 빛난 그 이름, 대한제국

1897년 고종 임금은 나라 이름을 조선에서 대한제국으로 바꿨어. 강한 나라들 사이에서 대한제국이 독립된 하나의 국가임을 널리 알리려 한 거지. 나라의 법과 제도를 바꾸고, 전등·전차·전신·철도 등을 만드는 사업도 벌이고, 신식 학교를 세우는 등 근대화의 물결에 앞장섰어. 그러나 한반도를 식민지로 삼으려던 일본 때문에 고종과 대한제국의 앞날은 어두워져만 갔어.

일본은 1894~1895년에 한반도에서 청나라와 전쟁을 벌여 승리를 거두고, 고종의 왕비였던 명성황후를 살해했으며, 1904~1905년에는 러시아와의 전쟁에서도 승리했어.

고종은 일본이 한국의 외교권을 뺏은 을사늑약이 무효임을 세계에 알리기 위해서 1907년 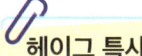를 파견하는 등 끝까지 저항을 멈추지 않았어. 하지만 결국 1910년 한일병합조약이 강제로 체결되면서 한반도는 35년간 일본의 지배 아래 놓이게 됐지.

> **헤이그 특사**
> 고종이 네덜란드 헤이그에서 열린 제2회 만국평화회의에 정사 이상설, 부사 이준, 통역관 이위종을 비밀리에 파견했던 사건이야.

학교에서 장터까지, 인천의 3·1 운동

고종이 정확히 어떻게 죽음을 맞이했는지는 밝혀지지 않았어. 하지만 나라를 잃고 왕까지 잃은 한반도의 민중은 더 이상 참지 않고 들고일어나게 돼. 고종의 장례가 있던 1919년 3월 1일에 맞추어 한반도 곳곳에서 독립을 원하는 만세운동이 일어난 거지.

인천에서는 인천부 공립소학교와 인천 공립상업학교의 학생들이 3·1 운동의 첫발을 내딛었어. 1919년 3월 6일, 학교에 모인 학생들이 교정에서 만세를 부르다 태극기를 흔들며 시내로 행진을 한 거야. 행진의 물결이 배다리 마을로 향하자 장터의 상인과 주민도 뛰쳐나와 함께 만세를 외쳤지. 3월 24일에는 지금의 인천시 계양구에 있는 황어 장터에도 수백 명이 모여 만세운동을 벌였다고 해.

이렇게 인천 지역의 3·1 운동은 중구, 동구, 미추홀구를 시작으로 부평, 김포, 강화 등으로 퍼져 나가며 한 달 넘게 계속됐어.

> **배다리 마을**
> 과거에 수산물을 실은 배들이 정박하던 다리가 있었다는 데서 유래한 이름이야. 지금의 인천시 동구 금곡동과 창영동 일대를 일컫지.

아이들이 먼저 외쳤다, 독립 만세!

인천 창영초등학교의 옛 학교 건물

인천의 3·1 운동은 소학교,
지금으로 치면 놀랍게도 초등학교 학생들이 시작했어.
학생들은 수업 받기를 멈추고 열흘간 만세운동을 벌이면서,
노동자들의 행동을 촉구하는 글과 독립선언서를 뿌렸어.
1896년에 세워진 인천부 공립소학교는
1933년에 인천 제일공립보통학교,
1996년에 창영초등학교로 이름을 바꾸게 돼.
지금도 붉은 벽돌로 지은 옛 학교 건물이 남아 있는데
100년이 넘는 세월에도 상태가 매우 좋은 편이야.
교정에는 3·1절 100주년 기념비도 세워져 있지.

> 인천의 인물

외교관에서 독립운동가로
김가진

"조선은 러시아를 끌어들여 청나라를 물리치고 자주독립을 이루어야 합니다." 고종이 대한제국을 선포하기 전에 고종과 명성황후 앞에서 이런 주장을 펼치던 외교관이 있었어. 그의 이름은 김가진. 김가진은 1883년 인천항에 외교와 통상을 맡아보는 관청이 생기자 공무원으로 임명되어 외교관으로 활동했어. 1887년에는 일본에 머무는 사절인 주일 공사로 임명되어 도쿄에서 4년 동안 일하기도 했지. 그 뒤 안동부사, 우부승지, 외무협판, 농상공부대신, 황해도관찰사, 법무대신 등 여러 자리를 두루 거치며 대한제국의 관리로서 활동했어.

김가진의 글씨로 추정되는 독립문 현판

1896년에는 독립협회를 세우는 데 함께했고, 1908년에는 대한협회의 회장이 되어 이듬해 〈대한민보〉를 발행하는 등 대한제국의 주권을 되찾기 위해 노력했어. 하지만 결국 1910년 대한제국은 일본의 식민지가 되고 말지.

그러다 1919년 3·1 운동이 일어나자 당시 74세의 노인이었던 김가진은 백성들의 저항에 깊은 감명을 받아. 그래서 일본에 저항하는 비밀 조직 조선민족대동단을 조직했지. 그해 10월 중국 상하이로 망명해 대한민국 임시정부의 고문을 맡기도 했어. 조선왕조의 대신 중에서 망명까지 하며 임시정부에 직접 참여한 인물은 김가진뿐이라고 해. 그는 1922년 77세로 상하이에서 세상을 떠나고 말아. 상하이 임시정부 국장으로 장례가 치러졌지.

한편 김가진은 서예가로서도 잘 알려져 있어. 현재 서울시 서대문구에 있는 독립문의 현판은 김가진이 쓴 글씨일 거라고 해. 그뿐 아니라 서울 창덕궁 후원의 현판 13점, 안동에 있는 봉정사 현판도 그가 썼다지.

3장
승리와 상처가 공존하는 인천 상륙 작전

1945년 대한민국은 일본의 식민 지배에서 벗어나 드디어 광복을 맞게 됐어. 1939년에 독일·이탈리아 등과 함께 제2차 세계대전을 일으킨 일본이 1945년에 미국·영국·프랑스·소련·중국 등 연합국에게 패하며 무조건 항복을 했기 때문이지.

그러나 광복은 우리에게 완전한 해방이 되지는 못했어. 일본을 항복시킨 미국과 소련이 한국은 아직 스스로 나라를 다스릴 능력이 부족하다며 대신 통치하겠다 했기 때문이야. 38선을 경계로 남쪽(남한)은 미군, 북쪽(북한)은 소련군의 지배를 받게 됐어.

유엔(국제연합)은 남한에서 따로 정부를 세우는 것을 허락했고,

1948년 5월 10일 남한에서 총선거가 실시됐어. 여기서 뽑힌 국회의원들이 헌법을 만들고 이승만을 첫 대통령으로 선출했지. 8월 15일에는 이승만이 대한민국의 정부 수립을 선포하게 돼.

한편 북한에서는 김일성의 지배하에 공산주의 정권이 들어서게 됐어. 그로부터 2년 뒤인 1950년 6월 25일, 소련군을 등에 업고 군사력을 키운 북한이 38선을 넘어 기습적으로 남한을 침략했지. 같은 민족끼리 총부리를 겨누는 6·25 전쟁이 일어난 거야.

6·25 전쟁? 한국전쟁?

남과 북 사이에 일어난 전쟁을, 시작된 날짜를 따서 6·25 전쟁이라고 하잖아. 그런데 어른들이 한국전쟁이라고 부르기도 해서 헷갈린 적이 있지? 우리나라 정부와 대다수 언론 및 교과서에서는 6·25 전쟁이라는 명칭을 사용하고 있어. 하지만 한반도에서 같은 민족 사이에 일어난 전쟁이라는 뜻에서 한국전쟁이라 부르는 사람들도 있지. 국제적으로도 한국전쟁(韓國戰爭, Korean War)이라는 용어가 쓰여.

전쟁의 기세를 뒤바꾼 인천 앞바다

1950년 6월 25일 일요일 새벽, 선전포고도 없이 10만 명이 넘는 북한군이 남한을 공격했어. 탱크와 기관단총 등 소련군이 지원해 준 신식 무기를 앞세우고 있었지. 남한의 군대와 국민은 우왕좌왕할 수밖에 없었어. 그 때문에 북한군은 단 3일 만에 수도인 서울을 점령했고 계속해서 남쪽으로 향했어.

남한의 국군과 유엔군은 낙동강 유역을 방어선으로 삼고 북한군이 더 이상 내려가지 못하도록 힘겹게 막아 냈어. 그러다 1950년 9월 15일, 유엔군의 총사령관인 미국의 맥아더 장군은 일명 '인천 상륙 작전'을 지시했지. 이에 따라 대규모의 유엔군이 인천 지역에 상륙해서 북한군의 뒤쪽을 공격하며 차단하는 작전을 펼쳤어. 이 작전이 성공을 거두면서 전쟁의 기세가 뒤집히게 돼.

인천 상륙 작전
북한군이 38선에서 낙동강 방어선까지 진격하는 데는 81일이 걸렸지만, 인천 상륙 작전 이후 남한군은 단 15일 만에 38선까지 돌아올 수 있었어.

멈춰진 전쟁, 갈라진 우리

1950년 9월 28일, 대한민국 국군과 유엔군은 북한군에게 점령당했던 수도 서울을 되찾았어. 그 기세를 몰아 38선을 넘어 북으로 진격했지. 그러자 북한의 요청을 받은 중국의 공산당이 엄청난 규모의 군대를 보냈고, 다시 밀고 밀리는 전투가 계속됐어.

1953년 7월 27일에야 양쪽 진영은 판문점에서 휴전 협정, 그러니까 전쟁을 멈추자는 약속을 맺게 돼. 그 결과, 한반도 가운데를 가로지르는 군사 경계선인 휴전선이 생겼어. 그때부터 지금까지 한반도는 남한과 북한으로 갈라져 있지.

폐허에서 동북아의 중심 도시로

6·25 전쟁으로 인천은 큰 피해를 입었어. 사람들이 많이 죽었고, 공장과 사회 기반 시설이 파괴되면서 경제가 거의 무너져 내렸지. 게다가 휴전 후 북한에서 내려온 피난민까지 몰려들어 경제적으로 큰 어려움을 겪게 돼.

그러나 1960~1970년대 경제개발 5개년 계획에 따라 부평공단(부평국가산업단지)을 중심으로 집중적인 투자와 개발이 이루어지고 사회 기반 시설과 편의 시설이 확대됐어.

그 뒤로 인천은 발전을 거듭해 1981년에는 인구 100만 명을 돌파하면서 직할시로 지위가 올랐고, 1995년에는 광역시로 명칭이 바뀌었지. 지금은 국제도시로서의 모습들을 갖추며 동북아시아의 중심 도시로 발돋움하고 있어.

부평공단
인천시 부평구에 있는 대한민국의 대표적인 산업단지 중 하나로, 현재는 산업 구조 변화로 폐업하거나 용도를 바꾼 공장도 많아.

'자유'와 '평화'의 공원

인천 자유공원에 있는 석정루

인천시 중구 송학동 응봉산에는 자유공원이 있어.
1888년에 세워졌을 당시에는 '각국공원', 해방 뒤에는
'만국공원'으로 불렀지만, 인천 상륙 작전의 공을 기리기 위해
1957년 맥아더 장군의 동상이 세워지면서 자유공원으로 부르게 됐어.
그런데 공원 이름이나 동상의 위치를 바꿔야 한다는 주장도 있어.
전쟁보다는 평화에 초점을 맞춰 이름을 '만국평화공원'으로 바꾸고,
장군의 동상도 인천상륙작전 기념관 안으로 옮겨 놓자는 거지.

인천의 인물

승리 후 잊히다
덕적도·영흥도의 희생된 주민들

  1950년 9월 15일, 유엔군 총사령관 맥아더 장군의 인천 상륙 작전으로 6·25 전쟁의 기세가 뒤집었다고 했지? 이 승리는 화려하고 짜릿할지 모르지만, 여기서 꼭 짚어야 하는 중요한 역사적 사실이 있어. 바로 이 작전 중에 억울하게 희생된 사람들의 이야기야.

  당시 인천 상륙 작전이 성공하려면 큰 배들이 지나갈 길이 필요했어. 바로 그 길에 인천의 덕적도와 영흥도라는 섬이 있었지. 그래서 한 달 전부터 미

미 해군첩보부대가 자리 잡았던 영흥포의 십리포 해수욕장

해군첩보부대가 섬에 상륙해 '엑스레이 작전'이라는 첩보 작전을 진행했어. 비밀리에 북한군의 정보를 모아 전투에 이용하려던 거지.

하지만 이 과정에서 끔찍한 일이 벌어졌어. 해군첩보부대가 북한군이 마을에 숨어 있을 거라 여기고 수색하던 중에, 무기도 없는 일반 주민들에게 총을 쏜 거야. 그 결과로 덕적도와 영흥도에서 최소 100명 넘는 사람들이 목숨을 잃었다고 해.

다행히 2010년 국가의 조사로 조금이나마 진실이 밝혀져 이 사건은 '서울·인천 지역 군경에 의한 민간인 희생 사건'으로 불리게 됐어. 그 이후로도 역사를 바로잡기 위한 노력이 이어지고 있지.

종교의 자유가
첫발을 디딘 땅

강화도 조약으로 항구가 개방됐을 때, 서양의 제도와 신식 물건들만 들어온 것은 아니야. 서양의 대표적인 종교인 기독교(그리스도교), 다시 말해 천주교(로마 가톨릭교)와 개신교(프로테스탄트)의 신앙과 문화도 인천으로 들어오게 됐지.

조선에 기독교를 전파하려는 선교사들이 첫발을 디딘 곳이 바로 인천의 제물포항이었어. 이렇게 조선에 발을 디딘 선교사들은 교육 사업과 의료 사업을 통해 선교 활동을 펼쳐 나갔지.

그렇다면 선교사들이 들어오기 전에, 기독교라는 종교는 언제 처음으로 우리나라에 전해졌을까? 조선에 더 먼저 전해진 것은 기독교 중에서도 천주교로 1600년대부터야. 조선 중기의 문신 이수광이 《지봉유설》이라는 책을 펴냈는데 그 내용 중에 《천주실의》라는 책에 대한 소개가 있었거든. 《천주실의》는 중국 베이징에 머물던 예수회 신부 마테오 리치가 천주교의 교리를 한자로 기록한 책이지.

1700년대에는 이수광처럼 중국 청나라에서 펴낸 서양의 책들을 통해 서양의 학문이나 과학기술을 연구하는 학자들이 생겨나기 시작했어. 이들을 바로 실학자라고 불러. 천주교도 이 실학자들에 의해 서학(서양의 학문)이라는 이름으로 조선 땅에 알려지게 된 거야.

왜 개신교보다 천주교가 먼저 전해졌을까?

천주교와 개신교 모두 예수 그리스도를 구세주로 믿지만, 교리와 예배 방식, 조직 구조 등에서 차이가 있어. 둘 중에서 천주교가 우리나라에 먼저 들어올 수 있었던 이유는, 조선의 실학자를 중심으로 한 지식인들이 중국을 통해 서양의 과학·철학·천문학 등 다른 학문과 함께 천주교 교리를 받아들였기 때문이야. 그에 반해 개신교는 19세기 후반에 조선이 본격적으로 개방되면서 미국, 캐나다 등의 선교사들이 직접 전파했지.

평등을 말하는 '못된' 학문?

천주교는 1784년 이승훈이 중국 베이징에서 세례를 받고 귀국하면서 조선에 빠르게 퍼져 나갔어.

그러나 순조 임금 때인 1801년부터 조선에서는 천주교를 사학(邪學)이라 부르며 탄압하기 시작했어. "이른바 사학은 어버이도 없고 임금도 없어서 인륜을 무너뜨리고 있다." 사학은 요사스럽고 못된 학문이라는 뜻이야. 왜 못됐냐고? 천주교가 모든 사람은 평등하다고 주장하기 때문이야. 당시 조선은 양반과 평민이 따로 있는 신분사회였으니, 그런 주장이 위험하게 느껴졌겠지.

끝없는 박해와 수많은 순교자

대표적으로 1801년, 1839년, 1846년, 1866년에 천주교에 대한 심한 탄압이 있었는데 이를 각각 신유박해, 기해박해, 병오박해, 병인박해라고 불러. 박해(迫害)란 못살게 굴어서 큰 피해를 입힌다는 말이야.

신유박해로 100여 명이 처형되고, 400여 명이 유배됐어. 이 가운데 실학자로 잘 알려진 정약용·정약전 형제는 유배됐고 정약종, 이승훈, 권철신, 이가환 등의 학자는 처형당하거나 감옥에서 죽었지.

특히 병인박해 때에 피해가 가장 심했는데 이때 순교한 천주교 신자는 프랑스인 베르뇌 신부를 비롯해 무려 1만 명쯤 된대.

천주교가 일찍 전해진 인천과 강화 지역에서는 더더욱 많은 사람이 희생됐어. 인천의 제물진두 순교 성지와 강화의 갑곶 순교 성지는 이승훈과 박순집의 가족 등 천주교를 믿었던 인천 사람들이 처형을 당한 곳이야.

이승훈

조선인으로서 최초로 천주교 세례를 받은 사람이야. 1791년 신해박해 때 관직을 빼앗기고, 1795년 을묘박해 때는 귀양살이를 했으며, 1801년 신유박해 때 처형을 당했어.

답동성당과 내리교회

천주교의 외국인 신부나 개신교의 선교사 등이 주로 첫발을 디딘 곳이 인천항이었기에, 천주교 성당과 개신교 교회가 인천과 강화 곳곳에 세워졌어. 가장 대표적인 곳이 인천 답동성당일 거야. 1889년에 인천시 중구 답동에 세워진 성당으로, 프랑스 파리 외방 전교회 신부들이 중심이 됐지.

한편 한국 최초의 개신교 교회도 인천 제물포에 있어. 바로 1885년에 미국 감리회 아펜젤러 선교사가 세운 내리교회야. 2년 후인 1887년에 언더우드 선교사가 세운 서울의 새문안교회와 더불어 '한국의 어머니 교회'라고 일컬어지지.

파리 외방 전교회

전교회는 포교 활동을 위해 교황청이 만든 단체야. 파리 외방 전교회는 1653년에 프랑스에서 창설되어 1831년에 한국에 진출했어. 교회를 통해 한국 민족과 어려움을 같이해 온 선교 단체지.

전통 한옥과 성당의 조화, 강화성당

강화성당의 외부(오른쪽)와 내부(왼쪽) 모습

1900년 강화도에 세워진 대한성공회 강화성당은
우리나라에서 전통 한옥으로 지어진 최초의 성당이야.
성공회는 천주교에서 분리되어,
영국 국교회의 교리를 따르는 교회를 말하지.
강화성당은 강화 고려궁지 가까이에 있어.
내부는 천장에 샹들리에가 달린 성당의 구조이지만
외부는 마치 절이나 궁처럼 보여서 신기해.

인천의 인물
푸른 눈의 우리 신부님
전학준

　1902년 프랑스 파리에서 온 한 젊은 신부가 한국 땅을 밟았어. 그의 이름은 외젠 드뇌. 한국 이름은 전학준이지.

　프랑스에서 부유한 은행가의 둘째 아들로 태어난 그는 1896년 23세의 나이에 사제 서품을 받고 로마 가톨릭 신부가 됐어. 그리고 몇 년 뒤 파리 외방 전교회의 선교사로 한국에 파견되어 인천에 도착했지.

　1904년에 제4대 답동성당 본당 신부로 부임한 그는, 이어 1909년에는 박문학교를 인수해 교장이 됐어. 천주교 신자와 가난한 아이들이 기본 교육을 받을 수 있도록 하기 위해서야. 이 학교는 다른 사람들 도움 없이 오로지

그가 상속받은 유산으로만 이끌어 갔대.

  1930년에는 바오로수녀원을 비롯하여 고아원 등 본당의 기반을 이루는 시설을 갖추고 성당을 크게 다시 지었어. 역시 신부 자신의 돈을 들여 인천시 미추홀구 용현동과 중구 영종도 등에 20여만 평의 농사터를 마련하여 보육원에 기증하고 보육원 운영을 위한 재정적 기반을 다져 놓았지.

답동성당의 종탑

  1937년에는 답동성당 건물을 더욱 크게 지었고, 3층으로 된 현대식 해성병원을 열어 의료 사업에도 노력을 기울였어. 아이들을 위해 박문유치원을 세워 운영하기도 했고.

  이렇듯 전학준 신부는 많은 인재를 길러 내고 가난한 사람들을 도우면서 인천 지역과 사람들을 위해 거의 반세기를 바쳤어. 74세로 인천에서 생을 마칠 때까지.

3부

시련을 딛고 일구어 낸 삶의 터전

인천의 문학

인천은 개항과 함께 근대 문물이 가장 먼저
전해지고 근대 도시의 여러 모습을 보여 주었기에
근대 문학의 배경으로 자주 등장해.
또 6·25 전쟁과 산업화의 영향이 생생하게
남아 있어서 현대 문학의 배경지로도 중요한
의미가 있지.
그럼 문학 작품 속에서 인천은 어떻게 그려지고
있을까?

 ❶ 인천 차이나타운
오정희 소설 《중국인 거리》의 배경

 ❷ 십정동 백운공원
한하운 시 〈보리피리〉 비석

 ❸ 만석동(괭이부리말)
김중미 소설
《괭이부리말 아이들》의 배경

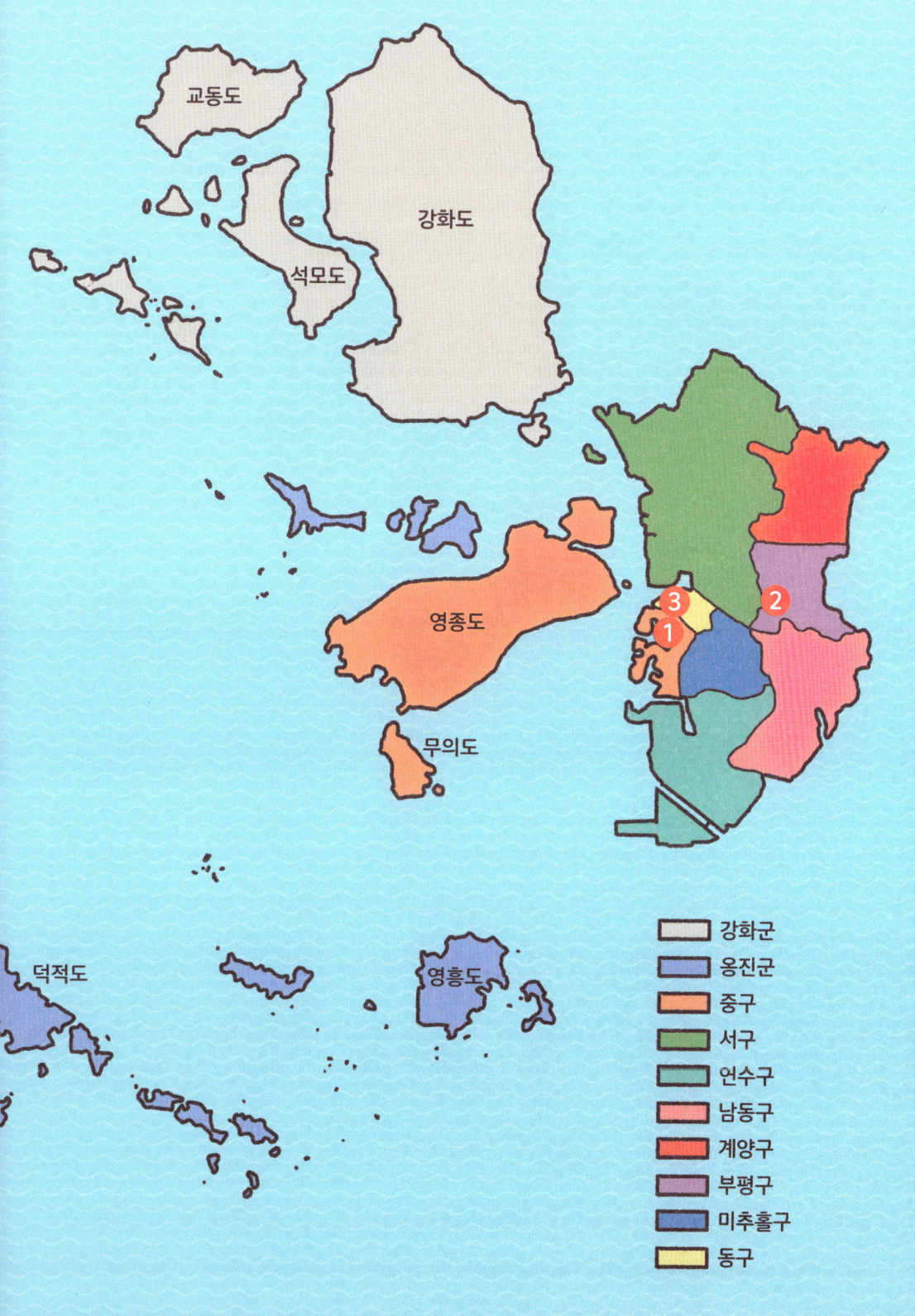

1장

전쟁 직후 인천을 소녀의 눈으로 그린
《중국인 거리》

소설가 오정희가 1979년에 발표한 단편소설 《중국인 거리》는 한 소녀의 눈에 비친 전쟁 직후 모습을 담고 있는 작품이야. 제목 그대로 인천 중국인 거리의 풍경과 그곳 사람들의 생활을 그려 냈지.

  소설 속 배경 묘사를 보면 당시 중국인 거리의 분위기가 손에 잡힐 듯 그려져. 전쟁 때 엄청난 포격을 맞았는데도 언덕 위 이층집들과 소녀가 사는 아랫동네의 오래된 일본식 가옥들은 그대로 남아 있지. 큰 길거리 쪽에는 분명 햇빛이 비치고 있는데, 여기 중국인 거리는 마치 연기에 싸여 있는 듯이 흐리고 어둡게 느껴져. 이런 풍경을 보면서 소녀는 북쪽에서 석탄 가루가 바람에 실려 와 먼지처럼 내려

앉아서가 아닐까 생각해.

　오정희 작가는 서울에서 태어났지만 어린 시절을 인천에서 보냈어. 그때의 경험을 바탕으로 이 작품을 썼대. 그래서 이 작품을 자전적 소설이라고 해. 자전적 소설이란 자기의 실제 삶이나 체험을 소재로 쓴 소설을 말해. 작가의 어린 시절을 들여다보면 이 작품을 왜 작가의 자전적 소설이라고 하는지 짐작할 수 있지.

세대를 넘어 고단한 여성의 삶

이 작품에는 6·25 전쟁 뒤인 1950~1960년 무렵의 인천 개항장 일대, 특히 당시 집세가 쌌던 중국인 거리의 모습이 잘 나타나 있어. 중국인 거리는 중국인뿐 아니라 미군이 성매매를 하던 업소와 피난민의 집이 뒤섞여 있는 가난한 동네였지.

주인공 '나'는 초등학교 2학년 때 중국인 거리로 이사 와서 6학년이 끝날 때까지 중국인 거리에서 성장하게 돼. 주인공의 앞집에 사는 매기 언니는 미군의 폭력에 목숨을 잃고, 주인공의 엄마는 아이를 더 낳으면 죽을 것처럼 병들어 보이는데도 여덟 번째 아이를 임신해. 여동생에게 남편을 뺏긴 할머니는 중풍을 앓다 세상을 떠나지.

이런 모습들을 보면서 외롭고 힘들지만 한 사람의 여성으로 성장해 가는 주인공 소녀의 모습을 그린 소설이야.

> **중국인 거리**
>
> 1884년 청국 영사관이 설치된 후 중국인들이 이주해 형성됐고, 중국의 문화와 먹거리를 만날 수 있는 곳이지. 인천만큼 크지는 않지만 부산 동구 초량동에도 중국인 거리(상해거리)가 있어.

작가의 어린 시절 경험을 바탕으로

이 작품의 작가인 오정희는 1947년에 서울시 종로구 사직동에서 4남 4녀 가운데 다섯째로 태어났어. 네 살 되던 해에 6·25 전쟁이 일어나자 가족과 함께 피난길에 올랐지. 충남 홍성군의 작은 마을에서 살다가 1955년에 인천시 중앙동으로 이사를 했다고 해.

소설처럼 그의 가족은 인천 자유공원 언저리에 있는 일명 '차이나타운' 또는 '중국인촌'이 내다보이는 작은 적산 가옥에서 살게 됐지.

이때의 체험과 상상, 그리고 생각이 뒷날 《중국인 거리》에서 그려지게 됐을 거야.

> **적산 가옥**
> '적산'은 적의 재산, '가옥'은 집이라는 뜻이야. 일제강점기에 일본인이 건축한 일본식 주택이라 이런 이름이 붙었어.

작은 중국, 인천의 차이나타운

차이나타운 입구

《중국인 거리》의 배경이 된 곳은 인천의 차이나타운이야.
인천항 개항 당시 청나라의 조계지가 되면서
화교(외국에 사는 중국 사람)가 모여 살게 됐지.
지금까지도 옛 모습이 많이 남아 있어서
역사적인 볼거리가 풍부해. 화교 아이들을 교육하고 있는
화교중산학교, 중국 전통 정원처럼 꾸며 놓은 한중원 쉼터,
다양한 중국 문화를 접할 수 있는 한중문화관,
중국의 대표 문학이자 세계적으로 사랑받는《삼국지》의
중요 장면을 표현한 삼국지 벽화거리 등이 유명하지.

한국식 짜장면의 탄생

짜장면박물관에 재현된 공화춘의 주방

인천에 살던 중국 상인과 노동자에게
값싸고 간편한 음식을 제공하기 위해 만들어진 것이 짜장면이야.
중국 산둥의 토속 장에 고기를 볶아 면 위에 얹은 음식이었지.
1950년대에 화교들이 캐러멜을 더한 춘장을 개발해서
지금은 한국식 중화요리의 대표 음식이 됐어.
짜장면의 유래와 역사, 문화를 시기별로 전시해 놓은
짜장면 박물관에 꼭 들러 보도록!

2장

한센인의 아픔을 노래한
〈파랑새〉

"나는 나는 죽어서 파랑새 되리"라고 노래했던 시인이 있어. 바로 한하운이야. 한하운을 검색하면 〈파랑새〉, 〈보리피리〉 등의 유명한 작품과 더불어, '한센인 시인'이라는 소개가 따라 나올 거야. 한센인이란 한센병을 앓는 환자를 말하지.

그는 함경남도에서 태어났지만, 그가 살아온 세월에 비추어 인천의 대표 시인으로 꼽혀. 1949년 12월 인천시 부평구에 자리를 잡고 투병 생활과 작품 활동을 이어 갔기 때문이야.

한하운의 대표작 〈파랑새〉에는 새가 되어 하늘과 들을 자유롭게 날아다니기를 바라는 시인의 마음이 잘 담겨 있어. 파랑새는 꿈과 희망을 상징해. 파랑새를 통해 자유로운 삶에 대한 바람을 간절하게 표현한 거지.

　죽어서 파랑새가 되겠다는 것은 살아 있는 상태로는 파랑새처럼 자유로울 수 없다는 뜻일 거야. 시인이 처한 현실이 고통스럽고 희망적이지 않다는 것을 짐작할 수 있지. 한하운의 삶을 들여다보면 왜 시인이 그토록 파랑새가 되고 싶어 했는지 공감할 수 있어.

저주받은 '문둥병' 시인

한하운은 1919년에 함경남도에서 부유한 집안의 맏아들로 태어났

어. 본명은 태영. 그런데 1939년에 한센병을 진단받으면서 그의 인생에 고난이 찾아왔어. 한센병을 당시에는 나병이나 문둥병이라고도 불렀는데 피부가 문드러지고 치료가 쉽지 않아 저주받은 병이라 여겨졌지.

하지만 한하운은 학업에 전념하여 일본으로 유학을 떠나 고등학교를 마쳤어. 그리고 1943년에는 중국 베이징에서 북경대학 농학원 축목학계를 졸업했지. 이듬해 함경남도 축산과에서 근무했지만 병세가 악화되어 1년 만에 공무원 생활을 그만두게 돼.

결국 한하운은 1948년에 남쪽으로 내려와 서울에서 떠돌이 생활을 했어. 명동의 술집이나 다방 등을 돌며 손님들에게 시를 써 주고 밥값을 벌기도 했다고 해. 바로 그 시들 중 13편이 잡지에 실리면서 1949년에 첫 시집 《한하운시초》가 세상에 나오게 됐지.

한센병

나균(한센균)에 의한 만성 감염병. 지금 의학으로는 일찍 치료하면 완치가 가능해. 그리고 일상에서 한센인과 접촉했다고 해서 쉽게 감염되지는 않아.

완치 후에도 한센인을 위한 삶

1949년 12월에 한하운은 한센병 환자 가족 70여 명과 함께 인천시 북구 부평동 공동묘지 골짜기에 정착했어. 바로 한센인 정착촌인 성계원이었지. 1952년에는 인천시 북구 십정동에 한센인의 자녀들을 위한 신명보육원을 세우고 원장으로 일했어.

그는 1959년 완치 판정을 받은 뒤에도 한센병 환자들의 인권을 위한 활동을 계속해. 그러다 1975년 십정동의 집에서 56세의 나이로 세상을 떠나. 한센병 환자 치료·요양소가 있는 전남 고흥군 소록도와 현재의 인천시 부평구 십정동에는 그의 시가 새겨진 시비가 세워졌지. 그리고 그의 뼈가 묻힌 김포시 풍무동 장릉 공원묘지 옆에는 '한하운 시인길'이 생겼어.

성계원

성계원이라는 이름은 '아름다운 곳에 사람이 모이고 길이 생긴다'라는 뜻이래. 성계원은 1960년 국립부평나병원으로 이름을 바꿨어. 그러다 1968년에 정부가 여러 지역에 분산되어 있는 한센인 병원을 소록도 병원으로 통합하면서 폐지됐지.

보리피리 울려 퍼지는 백운공원

백운공원에 있는 한하운 시비

2017년 12월, 부평구와 부평역사박물관의
'한하운 재조명 사업'에 따라 한하운 시인의 시비가
인천시 부평구 십정동 백운공원에 세워졌어.
한하운이 1975년 간경화로 숨을 거두었던 집 근처 공원이야.
책을 펼친 모양의 비석에는
그의 또 다른 대표작인 〈보리피리〉가 새겨져 있어.
한센병 환자로서 삶의 애환과 고향에 대한 그리움을 표현한 시야.

부평역사박물관에서 시인을 기리며

부평역사박물관에 소장되어 있는 한하운 문집들

한하운이 한센병 환자들과 처음 정착해 생활한 곳이 부평인 만큼,
부평역사박물관에는 한하운의 여러 작품집이 남아 있어.
2016년에는 '고고한 생명, 한하운 전'이라는 제목으로
특별 기획 전시회가 열리기도 했지.
박물관은 한하운에 대해,
"지독한 외로움을 숭고한 인간애로 승화"한 시인이며,
"우리가 추구해야 할 진정한 공동체의 가치"를
일깨워 줬다고 평가했어.

서로를 품어 안는 달동네 이야기
《괭이부리말 아이들》

《괭이부리말 아이들》은 소설가 김중미가 쓴 장편 창작 동화로, 1990년대 후반에 인천의 한 마을에서 살아가는 아이들의 이야기를 담고 있어. 인천시 동구 만석동의 달동네를 배경으로 했다고 알려져 있지. 소설에서 만석동 달동네는 단순히 공간적 배경만이 아니야. 소설의 주제를 더욱 뚜렷하게 드러내는 매우 중요한 요소지.

좁은 골목, 다닥다닥 붙어 있는 낡은 집들의 모습에서 알 수 있듯이 이곳은 경제적으로 매우 어려운 환경이야. 하지만 이러한 가난과 어려움 속에서도 서로 돕고 보살피며 따뜻한 정을 나누는 공동체적 환경이기도 해.

이런 배경 속에서 인물들이 겪는 성장과 갈등이 더 사실적으로 다가오지. 그리고 가난한 자와 부유한 자의 격차라든가 소외된 이들의 생활 같은 한국의 사회문제에 대해서도 깊이 고민하게 돼.

만석동은 고양이 섬?

소설 제목의 '괭이부리말'은 만석동을 부르던 이름이야. 섬의 모양이 고양이의 주둥이를 닮았다고 해서, 또는 섬에 고양이가 많이 살고 있다고 해서 붙은 이름이라고 해. 일본인 지주에 의해 간척이 벌

어져 섬은 사라지고 이름만 남게 됐지.

일제강점기 때는 일본군 잠수함을 만드는 데 동원된 일꾼들이 자리를 잡으면서, 6·25 전쟁이 끝난 직후에는 피난민들이 모여들면서 자연스럽게 형성된 동네야. 그 뒤로는 공장이 들어서면서 노동자들이 일자리를 찾아 모여들었어.

만석동에는 1960~1970년대 인천을 대표하던 큰 부두인 만석부두가 있어. 만석부두는 원래 바다가 둥글게 휘어 들어온 '만'이었어. 그런데 바다를 메우고 그 땅에 큰 공장들이 들어서면서 부두가 된 거야. 그러다 인천항, 북항 등 큰 항구가 생기면서 점점 쇠락하게 됐어.

> **만석**
>
> 만석동, 만석부두에서 '만석'은 무슨 뜻일까? 만석동은 물길을 통해 서울로 세곡(나라에 세금으로 내는 곡식)을 운반하는 곳이었거든. 그래서 '쌀 만 석'이 모이는 곳이라는 뜻으로 붙여진 이름이야.

철길 옆 공부방에서 시작된 이야기

소설 속 괭이부리말에는 누가 살고 있을까? 오토바이 사고로 큰 빚을 진 아빠와, 집을 나간 엄마의 빈자리를 대신하려 하는 숙자와 쌍

둥이 동생 숙희, 부모에게 버림받은 동준이와 불행한 현실에서 도피하기 위해 본드 중독에 빠진 동준의 형 동수가 이야기의 주인공이야.

가난으로 고생만 하신 어머니가 돌아가신 후 외롭고 힘든 시기를 보내던 영호는 우연히 동수·동준 형제를 만나게 돼. 거기에 더해 숙희·숙자 자매, 동수의 친구 명환이까지 돌봐주면서 삼촌 같은 존재가 되어 주려 하지. 그러다 영호는 초등학교 동창이자 지금은 숙자의 담임선생인 명희를 만나게 돼. 명희는 동수를 상담하며 아이들의 기쁨과 슬픔을 함께 나누지.

작가 김중미는 1963년 인천에서 태어났어. 1987년부터 만석동에서 살면서 기차길옆공부방을 꾸리고 지역 아이들과 함께 공부하며 생활했지. 그러다 보니 작가에게 《괭이부리말 아이들》은 단순한 창작물만은 아닐 거야. 지금까지 함께 지내 왔던 소중한 마을과 사람들을 담고 있으니 말이야.

> **기차길옆공부방**
> 만석동의 철길 옆에 위치한 작은 공부방으로, 지역 아이들에게 교육과 돌봄을 제공하는 곳이었어. 지역 주민들의 참여와 후원으로 운영됐다고 해.

'달'이 가장 가까운 '동네'

만석동 괭이부리말의 옛 모습

달동네는 높은 산비탈이나 언덕에 작은 집들이
빼곡하게 모여 있는 동네를 말해.
경제개발이 시작된 1960년대 이후 도시 곳곳에 생겨났어.
인천 만석동 달동네도 그중 하나야.
만석동에는 공장 노동자들이 많이 살았어.
그래서 1970년대 도시 재개발로 밀려난
서민 가정의 고통을 그려 낸 조세희의 연작소설
《난쟁이가 쏘아올린 작은 공》의 배경이 되기도 했지.
달동네는 2000년대 들어 아파트와 빌라로 많이 바뀌었어.

달동네의 역사가 궁금해

수도국산 달동네 박물관의 전시 모습

예전의 달동네 모습이 궁금하다고 해서 지금도 사람들이
살고 있는 동네를 마음대로 둘러봐서는 안 될 거야.
그래도 달동네가 궁금한 친구들에게는
수도국산 달동네 박물관에 가 보는 걸 추천할게.
이 박물관은 인천시 동구 송현동에 있던
달동네의 모습과 주민들의 삶을 재현해 놓은 공간이야.
2000년대 이후 진행된 도시 재개발로
거의 사라졌지만 우리가 기억해야 하는
소중한 역사를 보존하기 위해 만든 거지.

사진 출처

- 21쪽　인천광역시 중구
- 27쪽　한국학중앙연구원 / 디지털미추홀구문화대전
- 33쪽　인천광역시 / 인천시립박물관
- 42쪽　Mobius6 / wikimedia
　　　　Ggangsi / wikimedia
- 45쪽　강화군 등 / 국가유산청 국가유산포털
- 50쪽　국토교통부 / 국가유산청 국가유산포털
- 53쪽　인천광역시 / 인천투어
- 55쪽　mujijoa79 / 셔터스톡
- 61쪽　Mobius6 / wikimedia
- 62쪽　Jpbarrass / wikimedia
- 69쪽　대한성공회유지재단 / 국가유산청 국가유산포털
- 71쪽　Dalgial / wikimedia
- 80쪽　Mobius6 / wikimedia
- 81쪽　한국관광공사 / 한국관광콘텐츠랩
- 86쪽　인천광역시 부평구
- 87쪽　부평역사박물관 / e뮤지엄
- 92쪽　인천광역시 동구
- 93쪽　한국관광공사 / 한국관광콘텐츠랩

참고 사이트

- 국가유산포털
- 국토지리정보원
- 두산백과
- 디지털미추홀구문화대전
- 부평역사박물관
- 수도국산 달동네 박물관
- 열린관광
- 위키미디어
- 인천광역시
- 인천광역시 지도포털
- 인천 섬포털
- 인천시립박물관
- 지표누리
- 한국민족문화대백과
- 한하운온라인문학관
- 행정안전부 내고장알리미

다른 인스타그램

뉴스레터 구독

지리·역사·문학 지역 체험 학습
우리가 간다 인천

초판 1쇄　2025년 4월 5일

지은이　지호진
그린이　이진아

펴낸이　김한청
기획편집　원경은 차언조 양선화 양희우 유자영
마케팅　정원식 이진범
디자인　이성아 황보유진
운영　설채린

펴낸곳　도서출판 다른
출판등록　2004년 9월 2일 제2013-000194호
주소　서울시 마포구 동교로 27길 3-10 희경빌딩 4층
전화　02-3143-6478　팩스　02-3143-6479　이메일　khc15968@hanmail.net
블로그　blog.naver.com/darun_pub　인스타그램　@darunpublishers

ISBN　979-11-5633-674-7 74300
　　　979-11-5633-673-0 (세트)

* 잘못 만들어진 책은 구입하신 곳에서 바꿔 드립니다.
* 이 책은 저작권법에 의해 보호를 받는 저작물이므로, 서면을 통한 출판권자의
  허락 없이 내용의 전부 또는 일부를 사용할 수 없습니다.

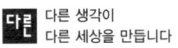
다른 생각이
다른 세상을 만듭니다